W0351352

Steaks

voll der Geschmack

OTUS Lifestyle

Inhalt

Vorwort 4

Einleitung 6

Rindersteaks
rare, medium & well done 10

Schweinesteaks
von zart bis würzig 32

Geflügel & Wild,
Steaks mit dem gewissen Etwas 46

Soßen & Beilagen,
die ideale Ergänzung 62

Register 80

Vorwort

Zart und saftig – das perfekte Steak zergeht auf der Zunge und ist für alle, die gerne Fleisch essen, ein Hochgenuss. Damit der Klassiker unter den Fleischgerichten perfekt gelingt und das appetitliche Fleisch nicht grau und zäh aus der Pfanne kommt, gilt es einige Dinge zu beachten. Was Sie beim Einkauf, bei der Aufbewahrung des Fleisches, der Vorbereitung auf das Braten und schließlich bei der Zubereitung selbst wissen sollten, ist nicht viel, trägt aber wesentlich zum Kocherfolg bei.

Unsere Rezepte zeigen Ihnen, dass das optimale Steak nicht nur den Profis unter den Köchen gelingt, sondern auch in der heimischen Küche zum kulinarischen Erlebnis werden kann. Ob aus dem Steakgenuss ein leichtes Sommergericht oder ein deftiges Schlemmermahl wird, hängt von den Beilagen ab. Eine Rezeptauswahl zur Zubereitung passender Beilagen zeigt Ihnen, mit welchen Zugaben Sie Ihr Steak kombinieren können. Einen besonderen Pfiff bekommt das Fleisch durch raffinierte Marinaden und feine Soßen, deren Rezepte ebenfalls zum Nachkochen inspirieren.

Viel Spaß beim Ausprobieren und Genießen!

Steaks

Fleisch vom Feinsten

Ein Stück Fleisch, Salz, Pfeffer, eine Pfanne, Fett zum Braten – so simpel wie schmackhaft ist der Klassiker unter den Fleischgerichten. Und doch gibt es einige wissenswerte Fakten rund um das Steak, die man kennen sollte, will man es den Spitzenköchen gleichtun und das perfekte Steak servieren: außen knusprig braun und innen zartrosa. Der Fleischsaft sollte beim Braten im Fleisch bleiben, die Fasern sollten leicht zu kauen sein, das Steak sollte die für den jeweiligen Geschmack richtige Garstufe haben. Erfahren Sie auf den nächsten Seiten, worauf Sie besonders achten müssen, um ein köstliches Gourmet-Steak zu zaubern.

Kleine Warenkunde

Unter einem Steak versteht man eine zum Kurzbraten geeignete Fleischscheibe vom Rind. Steaks, die nicht vom Rind stammen, heißen in der Regel nach dem Tier, dem sie entnommen sind: Schweinesteak, Hähnchensteak, Lammsteak, Hirschsteak etc.
Die klassischen Steakarten werden aus dem Rückenteil des Rinds, dem sogenannten Roastbeef, geschnitten. Dazu gehören das Filetsteak, das edelste Teilstück aus dem Lendenbereich, Chateaubriand, ein doppelt geschnittenes Filetstück, T-Bone-Steak und Porterhouse-Steak, beide mit Knochen und großem Filetanteil. Rumpsteak bzw. Sirloin-Steak – so die englische Bezeichnung – wird ebenfalls aus dem Rückenteil oder dem angrenzenden Teil der Hüfte geschnitten. Rib-Eye-Steak stammt aus dem Stück des Rinderrückens, der sich zwischen achter und zwölfter Rippe befindet, und zeichnet sich durch den charakteristischen Fettkern – das Auge, „eye" – aus. Schweinesteaks entstammen dem Nacken, der Hüfte oder dem Filet, Geflügelsteaks hingegen werden aus dem ausgelösten Brustfilet gewonnen. Das magere Geflügelfleisch ist besonders für kalorienbewusste Steakfans geeignet.

Das Steak Ihrer Wahl

Abhängig von Muskelgewebe und Fettanteil hat jede Steakart ihre ganz speziellen Eigenschaften und ihren charakteristischen Geschmack. Das Filetsteak, das zarteste Stück aus dem Rücken, ist fein marmoriert und fettarm. Hüftsteaks sind ähnlich mager wie Filetsteaks, haben aber einen intensiveren Geschmack. Rumpsteaks sind gut marmoriert, haben einen festen Fettrand und weisen einen intensiven Geschmack und eine eher feste Konsistenz auf. T-Bone- und Porterhouse-Steak sind kräftig im Geschmack. Ebenfalls geschmacksintensiv und bei vielen der Favorit unter den Steaks ist das Rib-Eye-Steak. Das Fleisch, auf das Ihre Wahl fällt, sollte mindestens zwei Zentimeter dick geschnitten sein. Wichtig für den Steakgenuss ist außerdem, dass das Fleisch hinreichend gut abgehangen ist. Falls Sie sich bei der Auswahl Ihres Wunschsteaks nicht entscheiden können, wird Sie der Metzger an der Fleischtheke gerne beraten.

Vor dem Braten

Holen Sie das Steak rechtzeitig – mindestens 30 Minuten vor der Zubereitung – aus dem Kühlschrank. Für ein optimales Bratergebnis ist es notwendig, das Steak auf Zimmertemperatur zu erwärmen. Waschen Sie es vor dem Braten ab und tupfen Sie es mit einem Küchenpapier trocken.
Da es beim Steakbraten heiß hergeht, sind gusseiserne Bratpfannen, die hohe

Temperaturen vertragen, ideal. Edelstahlpfannen und beschichtete Pfannen haben den Nachteil, dass sie nicht heiß genug werden und das Fleisch am Pfannenboden haften bleibt. Wichtig für ein gutes Gelingen ist auch die Verwendung des richtigen Bratfetts, denn dieses muss hoch erhitzbar sein. Dazu eignen sich besonders Butterschmalz und Pflanzenöl. Olivenöl und Butter sind hingegen nicht so gut geeignet, da bei hohen Temperaturen Bitterstoffe entstehen können.

Zubereitung

Anbraten

Steaks werden generell durch Braten oder Grillen gegart. Unsere Rezepte beschreiben die Zubereitung in der Pfanne. Bevor Sie das Steak braten, muss die Pfanne richtig heiß sein. Erst dann geben Sie das Fett in die Pfanne. Um festzustellen, ob das Öl heiß genug ist, kann man den Stiel eines Holzlöffels hinein halten. Wenn sich rings um den Löffelstiel Bläschen bilden, ist das Öl ausreichend heiß.
Legen Sie nun die Steaks in die Pfanne und braten Sie das Fleisch unter hoher Temperatur auf jeder Seite ca. 1–2 Minuten scharf an. Durch das Anbraten bildet sich eine knusprige braune Kruste rings um das Fleisch, die den Fleischsaft vom Ausfließen abhält. Benutzen Sie zum Wenden des Steaks niemals eine Gabel, sondern eine Zange. Durch die Einstiche mit der Gabel würde der Fleischsaft sonst austreten.

Garbraten

Nach dem Anbraten wird die Temperatur reduziert, und man brät das Steak so lange weiter, bis die gewünschte Garstufe erreicht ist. Als Alternative zum Fertiggaren in der Pfanne bietet sich auch das Fertiggaren im vorgeheizten Backofen an. Perfekt wird das Ergebnis, wenn man das Fleisch, sobald es die beabsichtigte Garstufe erlangt hat, ca. 5 Minuten – am besten in Aluminiumfolie gewickelt – ruhen lässt. Dadurch kann sich der Fleischsaft gleichmäßig verteilen, das Steak bleibt dadurch schön saftig, und es wird verhindert, dass der Fleischsaft beim Anschneiden austritt.

Auf den Punkt gebracht

Wie lange Sie das Steak nach dem Anbraten in der Pfanne weiter braten bzw. im vorgeheizten Backofen garen, ist abhängig davon, welche Garstufe Sie bevorzugen. Unter Garstufe versteht man die Kerntemperatur, die im Inneren des Fleisches durch das Braten erreicht wird. Diese lässt wiederum Rückschlüsse darauf zu, wie weit das Steak durchgebraten ist. Unterschieden werden die Garstufen rare (blutig), medium (rosa) und well done (durchgebraten), mit den Zwischenstufen medium rare (englisch) und medium well (halbrosa).

Bratzeiten
Rare ist das Steak – immer abhängig auch von der Dicke des Fleischs – nach ca. 4 Minuten Bratzeit. Das Fleisch hat einen rosafarbenen Rand und einen blutigen Kern. Bei Fingerdruck tritt roter Fleischsaft aus. Wer medium bevorzugt, muss sein Fleisch ca. 6 Minuten in der Pfanne lassen. Rand und Kern des Steaks sind hellrosa. Bei Fingerdruck gibt die Faser nach. Nach einer Bratzeit von ca. 8 Minuten ist das Steak ideal für alle, die ihr Fleisch well done, also gleichmäßig durchgebraten mögen.

Fleischthermometer
Gradgenau lässt sich die Kerntemperatur mit einem Fleischthermometer bestimmen, das in die dickste Stelle des Fleischs gestochen wird. Eine Kerntemperatur von 45–47 °C entspricht der Garstufe rare, 60–62 °C bedeutet medium und 70–85 °C well done.

Drucktest
Für alle Hobbyköche, die kein Fleischthermometer zur Hand haben und sich über den Garzustand ihres Steaks unsicher sind, gibt es den sogenannten Handballentest. Drücken Sie auf die Fleischmitte und vergleichen Sie das Druckgefühl mit dem, das entsteht, wenn Sie auf Ihren Daumenballen drücken. Fühlt es sich ebenso weich an, ist das Steak innen noch blutig (rare). Wenn Sie Daumen und Zeigefinger aneinanderlegen und das Druckgefühl dem Ihres Steaks entspricht, ist Ihr Steak medium rare (englisch), Daumen und Mittelfinger aneinandergelegt entspricht medium (rosa), Daumen und Ringfinger medium well (halbrosa), Daumen und kleiner Finger well done (durchgebraten).

Rindersteaks

rare, medium & well done

T-Bone-Steak/ Porterhouse-Steak

Zutaten

700 g Porterhouse-Steak (ca. 3 cm dick)
3 EL Öl
Salz
frisch gemahlener Pfeffer

Zubereitungszeit ca. 20 Min.
Für 3 Portionen

Zubereitung

1. Steak aus dem Kühlschrank nehmen und Zimmertemperatur annehmen lassen. Backofen auf 120 °C (Umluft: 100 °C) vorheizen.

2. Pfanne bei mittlerer Hitze langsam erhitzen. Öl in die Pfanne geben, heiß werden lassen und Steak auf jeder Seite ca. 3–4 Minuten scharf anbraten. Steak aus der Pfanne nehmen und ca. 5–10 Minuten (je nach gewünschter Garstufe) im Backofen ruhen lassen.

3. Steak mit Salz und Pfeffer würzen, nach Belieben mit Kartoffeln, Salat oder Ofengemüse servieren.

Tipp

Porterhouse-Steak wird üblicherweise vor dem Servieren vom Knochen gelöst. Trennen Sie die beiden großen Fleischstücke zu beiden Seiten des Knochens mit einem scharfen, schmalen Messer ab und ordnen Sie sie um den Knochen herum auf dem Teller an.

Zutatenliste

Sirloin-Steak
mit Ofengemüse

Zutaten

2 Knoblauchzehen
1,5 kg Sirloin-Steak
1 TL Rosmarinpulver
frisch gemahlener Pfeffer
7 EL Öl
4 rote Paprikaschoten
4 Zucchini
10 Lauchzwiebeln
1 TL gemahlener Oregano
1 TL gemahlener Thymian
1 TL Chilipulver
Salz

Zubereitungszeit ca. 1 Std. und 30 Min.
Für 4 Portionen

Zubereitung

1. Backofen auf 180 °C (Umluft: 160 °C) vorheizen. Knoblauchzehen schälen und halbieren. Steak mit Knoblauch und Rosmarinpulver einreiben, mit Pfeffer würzen. Ca. 10 Minuten ruhen lassen.

2. 3 Esslöffel Öl in einer großen Pfanne erhitzen, Steak von allen Seiten scharf anbraten. Auf den Backofenrost legen und ca. 50 Minuten (medium) im Backofen braten. Ca. 5–10 weitere Minuten im offenen Ofen ruhen lassen.

3. Paprika putzen, waschen und vierteln. Zucchini waschen und halbieren. Lauchzwiebeln putzen. Restliches Öl in eine große Schüssel geben und mit Oregano, Thymian, Chilipulver, Salz und Pfeffer mischen. Gemüse zugeben und gut vermengen. Mariniertes Gemüse auf einem Backblech verteilen und im vorgeheizten Backofen ca. 20–30 Minuten braten.

4. Fleisch in Scheiben schneiden und mit Gemüse angerichtet servieren.

Zutatenliste

Hüftsteaks
mit Pfeffersoße

Zutaten

4 Rinderhüftsteaks (à ca. 200 g)
frisch gemahlener Pfeffer
3 EL Öl
Salz
100 ml Sherry
2 EL eingelegte Pfefferkörner
50 g Sahne

Zubereitungszeit ca. 30 Min.
Für 4 Portionen

Zubereitung

1. Steaks mit Pfeffer würzen. Öl in einer Pfanne erhitzen, Steaks zugeben und auf jeder Seite ca. 3 Minuten braten. Aus der Pfanne nehmen, salzen und warm stellen.

2. Bratensatz mit Sherry ablöschen. Pfefferkörner und Sahne zugeben, gut verrühren und ca. 1 Minute kochen lassen.

3. Steaks in die Pfanne geben, in der Soße erwärmen und servieren.

Tipp

Hüftsteaks sind ideal für alle, die zartes, nahezu fettfreies Fleisch bevorzugen. Achten Sie darauf, das Fleisch von allen Sehnen zu befreien. Besonders zart und saftig wird das Ergebnis, wenn man beim Kauf auf möglichst dunkles, gut abgehangenes Fleisch achtet.

Zutatenliste

Rib-Eye-Steak
mit Rosmarin

Zutaten

4 Stängel Rosmarin
4 EL Öl
1 EL Balsamico
1 TL Senf
4 Rib-Eye-Steaks (à ca. 180 g)
Salz
frisch gemahlener Pfeffer
4 EL Steaksoße

Zubereitungszeit ca. 10 Min. + ca. 1 Std. Ruhezeit
Für 4 Portionen

Zubereitung

1. Rosmarin waschen, trocken schütteln, Nadeln abzupfen und fein hacken. Öl, Balsamico, Senf und Rosmarin in eine kleine Schüssel geben und gut verrühren. Steaks mit der Marinade bestreichen und zugedeckt ca. 1 Stunde ruhen lassen.

2. Steaks in einer Pfanne bei starker Hitze auf jeder Seite ca. 1 Minute anbraten, Hitze reduzieren und auf jeder Seite weitere 3–5 Minuten (medium) garen.

3. Aus der Pfanne nehmen, mit Salz und Pfeffer würzen. Mit Steaksoße servieren. Als Beilage eignen sich nach Belieben Pommes frites oder Ofengemüse.

Tipp

Das Steak kann auch im Ofen fertig gegart werden. Dazu den Backofen auf ca. 140 °C (Umluft: 120 °C) vorheizen. Steak nach dem Anbraten ca. 7–10 Minuten in den vorgeheizten Backofen legen. Bei offenem Ofen ca. 5 Minuten ruhen lassen.

Zutatenliste

Rumpsteak
mit Pommes frites

Zutaten

3 Rumpsteaks (à ca. 150 g)
2 EL Öl
Salz
frisch gemahlener Pfeffer
2 EL eingelegte Pfefferkörner
50 g Sahne
450 g Pommes frites (TK-Produkt)

Zubereitungszeit ca. 30 Min.
Für 3 Portionen

Zubereitung

1. Backofen auf 200 °C (Umluft: 180 °C) vorheizen. Öl in einer Pfanne erhitzen, Rumpsteaks in die Pfanne geben und auf jeder Seite ca. 1 Minute anbraten. Hitze reduzieren und Steaks bei mittlerer Hitze auf jeder Seite weitere 2 Minuten braten.

2. Fleisch aus der Pfanne nehmen, mit Salz und Pfeffer würzen. Mit Alufolie abdecken.

3. Bratensatz mit 200 Milliliter Wasser ablöschen. Pfefferkörner und Sahne zugeben, gut verrühren und ca. 1 Minute kochen lassen.

4. Pommes frites im vorgeheizten Backofen nach Packungsanleitung zubereiten und mit Rumpsteaks servieren.

Tipp

Kochprofis wickeln die Steaks nach dem Anbraten in eine Alufolie. Darin soll das Fleisch ca. 5 Minuten ruhen, damit sich die Fleischsäfte verteilen können. Dadurch bleibt das Steak zart und saftig.

Zutatenliste

Lendensteak
mit gerösteten Zwiebeln

Zutaten

3 Zwiebeln
3 EL Öl
3 Rindersteaks (à ca. 150 g)
1 Beutel Rahmsoße

Zubereitungszeit ca. 30 Min.
Für 3 Portionen

Zubereitung

1. Zwiebeln schälen und in Ringe schneiden.

2. 2 Esslöffel Öl in einer Pfanne erhitzen, Steaks in die Pfanne geben und auf jeder Seite ca. 1 Minute anbraten. Hitze reduzieren und Steaks bei mittlerer Hitze weitere 2 Minuten auf jeder Seite braten. Aus der Pfanne nehmen und warm stellen.

3. Restliches Öl in die Pfanne geben, Zwiebeln zufügen und anrösten. Herausnehmen und warm stellen.

4. 300 Milliliter Wasser in die Pfanne geben, Rahmsoße einrühren und aufkochen. Fleisch zur Soße geben, bei geschlossenem Deckel und schwacher Hitze ca. 15 Minuten ziehen lassen.

5. Steaks mit Zwiebeln anrichten. Dazu schmecken Spätzle oder Röstkartoffeln.

Zutatenliste

Beefsteak
mit Zwiebelsoße

Zutaten

3 Scheiben Toastbrot
6 EL Milch
3 Schalotten
2 EL Butter
400 g Rinderhackfleisch
1 Ei
2 TL scharfer Senf
Salz
frisch gemahlener Pfeffer
2 EL Öl
250 ml Gemüsebrühe
50 g Sahne
3 EL Soßenbinder
4 Radieschen
1 Bund Petersilie
1 EL Kapern

Zubereitungszeit ca. 30 Min.
Für 4 Portionen

Zubereitung

1. Toastbrot entrinden, in kleine Würfel schneiden und mit Milch mischen. 2 Schalotten schälen und fein würfeln. 1 Esslöffel Butter in einem kleinen Topf erhitzen, Schalotten darin glasig braten. Rinderhackfleisch in eine große Schüssel geben, mit Ei, Senf, Toastbrot, Schalotten, Salz und Pfeffer zu einem glatten Teig verkneten, flache Küchlein formen.

2. Öl in einer Pfanne erhitzen, Beefsteaks zugeben und auf jeder Seite ca. 3 Minuten braten. Warm stellen.

3. Restliche Schalotte schälen und fein würfeln. Restliche Butter in einem kleinen Topf erhitzen, Schalotte darin andünsten. Mit Brühe und Sahne aufgießen und aufkochen. Soßenbinder zugeben und unter Rühren ca. 1 Minute kochen lassen.

4. Radieschen waschen, putzen und fein würfeln. Petersilie waschen, trocken schütteln und Blätter fein hacken. Radieschen, Petersilie und Kapern in die Soße geben. Mit Salz und Pfeffer abschmecken. Beefsteaks mit Soße anrichten.

Zutatenliste

Chateaubriand
in Rotweinsoße

Zutaten

800 g Rinderfilet
Fleischgewürz
frisch gemahlener Pfeffer
Öl
2 EL Butter
100 ml Rotwein
200 ml Rinderfond
100 g Sahne
Salz

Zubereitungszeit ca. 1 Std. und 15 Min.
Für 4 Portionen

Zubereitung

1. Backofen auf 120 °C (Umluft: 100 °C) vorheizen. Rinderfilet mit Fleischgewürz und Pfeffer würzen.

2. Öl in einer Pfanne erhitzen, Fleisch von allen Seiten ca. 1–2 Minuten anbraten.

3. Fleisch herausnehmen und in eine Auflaufform legen. Fleischthermometer schräg in die Fleischmitte stecken. In den vorgeheizten Ofen geben und so lange braten, bis das Fleischthermometer ca. 65 °C (medium) anzeigt. Bei offenem Ofen ca. 10 weitere Minuten ruhen lassen.

4. Butter in einer Pfanne erhitzen, Fleischsud aus der Auflaufform zugeben. Mit Rotwein ablöschen und einkochen lassen. Rinderfond zugeben, auf die Hälfte einkochen lassen. Sahne zugeben, mit Salz und Pfeffer abschmecken.

5. Fleisch mit Soße anrichten. Dazu passen Ofenkartoffeln oder Potato Wedges.

Zutatenliste

Entrecôte
mit Gemüse

Zutaten

bunte Pfefferkörner
2 Entrecôte (à ca. 250 g)
Salz
1 Stängel Rosmarin
2 EL Butterschmalz
1/2 Bund Petersilie
1 kleiner Brokkoli
2 Möhren
1 gelbe Paprika

Zubereitungszeit
ca. 30 Min.
Für 2 Portionen

Zubereitung

1. Pfefferkörner im Mörser grob zerstoßen. Entrecôte mit Pfeffer und Salz würzen.

2. Rosmarinstängel waschen und trocken schütteln. Butterschmalz in einer Pfanne erhitzen, Rosmarinstängel und Fleisch zugeben. Entrecôte auf jeder Seite ca. 3 Minuten scharf anbraten, aus der Pfanne nehmen, in Alufolie wickeln und ruhen lassen.

3. Petersilie waschen, trocken schütteln und klein hacken. Brokkoli waschen, trocken schütteln und in kleine Röschen teilen. Möhren schälen und klein schneiden. Parika putzen, waschen und klein schneiden. Gemüse ca. 10 Minuten in Salzwasser kochen, abgießen, mit Salz, Pfeffer und Petersilie abschmecken.

4. Entrecôte mit Gemüse anrichten und servieren.

Zutatenliste

Rinderfilet
mit Kaperncreme

Zutaten

2 Eigelb
1 TL Senf
Salz
1 EL Balsamico Bianco (z. B. von Bertolli)
320 ml Olivenöl
2 Knoblauchzehen
3 EL Kapern
100 g Naturjoghurt
frisch gemahlener Pfeffer
6 Rinderfilets
2 TL getrockneter Thymian

Zubereitungszeit ca. 30 Min.
Für 6 Portionen

Zubereitung

1. Eigelbe, Senf und 1 Prise Salz mit dem Schneebesen cremig rühren. Balsamico langsam zufügen, 300 Milliliter Olivenöl tröpfchenweise zugeben. So lange rühren, bis eine glatte Creme entsteht.

2. Knoblauch schälen und fein pressen. Kapern abtropfen lassen, fein hacken und mit Joghurt mischen. Knoblauch und Kapernjoghurt zur Creme geben, gut verrühren und mit Salz und Pfeffer abschmecken.

3. Filets waschen und trocken tupfen. Mit restlichem Olivenöl bestreichen und mit Salz, Pfeffer und Thymian würzen. In eine heiße Pfanne geben und auf jeder Seite ca. 5 Minuten braten. Filets mit Kaperncreme servieren.

Zutatenliste

Schweinesteaks

von zart bis würzig

Schweinesteaks
mit Rosmarin und roten Zwiebeln

Zutaten

4 Schweinesteaks
Salz
2 rote Zwiebeln
4 Stängel Rosmarin
2 EL Rama Braten wie die Profis Original
1 TL rote Pfefferkörner

Zubereitungszeit ca. 25 Min.
Für 4 Portionen

Zubereitung

1. Schweinesteaks waschen, trocken tupfen und mit Salz würzen. Zwiebeln schälen und in Achtel schneiden. Rosmarin waschen und trocken schütteln.

2. Rama Braten wie die Profis in einer großen Pfanne erhitzen. 2 Rosmarinstängel zugeben. Schweinesteaks in die Pfanne geben und auf jeder Seite ca. 1 Minute scharf anbraten. Hitze reduzieren und Steaks bei mittlerer Hitze je nach gewünschter Garstufe auf jeder Seite ca. 4–6 weitere Minuten braten. Ca. 2–3 Minuten vor Ende der Garzeit Zwiebelachtel und restliche Rosmarinstängel zugeben.

3. Rote Pfefferkörner nach Belieben im Mörser grob zerstoßen oder fein mahlen. Schweinesteaks mit Pfefferkörnern würzen und servieren.

Zutatenliste

Holzfällersteak
in Knoblauchsoße

Zutaten

1/2 Flasche Knorr Schlemmersauce Knoblauch Sauce
1 EL körniger Senf
1 EL Bier
4 Holzfällersteaks (à ca. 200 g)

Zubereitungszeit ca. 25 Min. + 30 Min. Ruhezeit
Für 4 Portionen

Zubereitung

1. Knorr Schlemmersauce Knoblauch Sauce in eine kleine Schüssel geben, Senf zugeben und mit Bier glatt rühren. Holzfällersteaks mit der Hälfte der Soße von allen Seiten bestreichen und ca. 30 Minuten ruhen lassen.

2. Holzfällersteaks in einer heißen Pfanne auf jeder Seite ca. 1–2 Minuten scharf anbraten. Hitze reduzieren und bei geringer Hitze auf jeder Seite ca. 6 weitere Minuten fertig garen. Holzfällersteak mit der restlichen Senf-Bier-Knoblauch-Soße anrichten. Dazu passen Kartoffeln oder Ofengemüse.

Tipp

Holzfällersteak ist nicht der Name einer bestimmten Zubereitungsart, sondern bezeichnet ein Stück Fleisch, das aus der Schulter des Schweins geschnitten wird. Die Fleischscheiben weisen Innenknochen und Schwarte auf, was den Fettanteil erhöht. Sie eignen sich daher auch hervorragend zum Grillen.

Zutatenliste

Schweinekoteletts
mit Knoblauch-Kräuter-Marinade

Zutaten

4 Schweinekoteletts oder Schweinesteaks (à ca. 150 g)
Salz
4 Stängel Rosmarin
4 Stängel Thymian
2 Knoblauchzehen
6 EL Rama Braten wie die Profis Original
2 TL getrockneter Majoran

Zubereitungszeit ca. 20 Min. + 1–2 Std. Ruhezeit
Für 4 Portionen

Zubereitung

1. Schweinekoteletts salzen. Rosmarin und Thymian waschen und trocken schütteln. Rosmarinnadeln und Thymianblätter abzupfen und fein hacken. Knoblauch schälen und pressen. Rama Braten wie die Profis, Knoblauch, Rosmarin, Thymian und Majoran in einer kleinen Schüssel mischen. Schweinekoteletts mit der Mischung bestreichen und 1–2 Stunden ruhen lassen.

2. Marinierte Schweinekoteletts in einer heißen Pfanne auf beiden Seiten knusprig braten.

Tipp

Dazu passen Knoblauchbrot und ein Kräuter-Dip – angerührt zum Beispiel mit frischen, fein gehackten Kräutern nach Wahl und Sauerrahm. Fürs Knoblauchbrot ein Fladenbrot oder Baguette in dünne Scheiben schneiden. 2–3 Knoblauchzehen fein pressen und mit etwas Butter vermengen. Brotscheiben nach Belieben salzen und pfeffern, mit Knoblauch-Butter bestreichen und im Backofen ca. 10 Minuten bei ca. 200 °C (Umluft: 180 °C) knusprig rösten.

Zutatenliste

Schweinesteaks
mit Thymian und Tomaten

Zutaten

4 Schweinesteaks
Salz
4 Stängel Thymian (am besten Zitronen-Thymian)
250 g Cherrytomaten
3 EL Rama Braten wie die Profis Original
frisch gemahlener Pfeffer

Zubereitungszeit ca. 25 Min.
Für 4 Portionen

Zubereitung

1. Schweinesteaks waschen, trocken tupfen und mit Salz würzen. Thymian waschen, trocken schütteln, Zweige grob zerteilen oder Blättchen abstreifen. Tomaten waschen.

2. Rama Braten wie die Profis in einer Pfanne erhitzen. Hälfte vom Thymian zugeben. Schweinesteaks in die Pfanne geben und auf jeder Seite ca. 1 Minute scharf anbraten. Hitze auf kleine bis mittlere Temperatur reduzieren und Fleisch je nach gewünschter Garstufe auf jeder Seite ca. 4 weitere Minuten (medium) braten. Ca. 2–3 Minuten vor Ende der Garzeit Tomaten und restlichen Thymian zugeben.

3. Schweinesteaks mit Pfeffer würzen und servieren. Dazu passen Ofengemüse oder Ofenkartoffeln.

Zutatenliste

Schweinekoteletts
mit Basilikum-Zitronen-Marinade

Zutaten

30 g Ingwer
1 Zitrone
1/2 Bund Basilikum
200 ml Olivenöl
6 Pfefferkörner
4 Schweinekoteletts

Zubereitungszeit
ca. 20 Min.
+ ca. 1 Std. Ruhezeit
Für 4 Portionen

Zubereitung

1. Ingwer schälen und fein hacken. Zitrone halbieren und auspressen. Basilikum waschen, trocken schütteln, Blätter abzupfen und fein hacken. Pfeffer im Mörser grob zerstoßen. Ingwer, Zitronensaft, Basilikum und Öl in eine kleine Schüssel geben und mit dem Stabmixer fein pürieren. Mit Pfeffer abschmecken.

2. Schweinekoteletts waschen und trocken tupfen. Mit der Marinade bestreichen und ca. 1 Stunde ruhen lassen.

3. Schweinekoteletts in eine heiße Pfanne geben und gar braten.

Tipp

Das Einlegen von rohem Fleisch in eine würzende, oft auch saure Flüssigkeit, das sogenannte Marinieren, ist das Geheimnis vieler Köche, wenn es darum geht, dem Fleisch bereits vor dem Garen Geschmack zu verleihen. Die sauren Zutaten, mit denen Marinaden oft zubereitet werden, bewirken außerdem, dass das Fleisch noch zarter wird.

Zutatenliste

Schweinefilets
mit Garnelen und Aubergine

Zutaten

1/2 Aubergine
1 kleine Zucchino
6 EL Öl
Salz
frisch gemahlener Pfeffer
2 Schweinefilets (à ca. 300 g)
1 EL Butter
2 Garnelen
1 EL Zitronensaft

Zubereitungszeit ca. 50 Min.
Für 2 Portionen

Zubereitung

1. Backofen auf 200 °C (Umluft 180 °C) vorheizen. Aubergine und Zucchino waschen, vom Stielansatz befreien und in Scheiben schneiden. Mit 2 Esslöffeln Öl bestreichen und mit Salz und Pfeffer würzen. 2 Esslöffel Öl auf ein Backblech streichen, Gemüse darauf verteilen und im vorgeheizten Ofen ca. 20 Minuten backen.

2. Gemüse herausnehmen und warm stellen. Temperatur im Backofen auf ca. 100 °C (Umluft: ca. 80 °C) reduzieren. Backblech auf die mittlere Schiene stellen.

3. Schweinefilets mit Salz und Pfeffer würzen. Restliches Öl in einer Pfanne erhitzen. Filets auf jeder Seite ca. 1–2 Minuten scharf anbraten. Filets aus der Pfanne nehmen, in Alufolie wickeln. Ca. 10–15 Minuten auf das Blech in den vorgeheizten Ofen legen.

4. Butter in die Pfanne geben, in der die Filets gebraten wurden, und erhitzen. Garnelen ca. 2 Minuten darin anbraten. Herausnehmen, mit Zitronensaft beträufeln und mit Salz würzen.

5. Schweinefilets auf dem Gemüse anrichten und mit Garnelen garnieren.

Zutatenliste

Geflügel & Wild,

Steaks mit dem gewissen Etwas

Putensteak
mit Brokkoli-Parmesan-Kruste

Zutaten

1/2 Brokkoli
Salz
300 g Semmelbrösel
125 ml Milch
150 g geriebener Parmesan
2 Eier
frisch gemahlener Pfeffer
400 g Kirschtomaten
4 Putensteaks (à ca. 120 g)
2 EL Öl
125 ml Weißwein
2 EL Instant-Hühnerbrühe
Balsamico

Zubereitungszeit
ca. 40 Min.
Für 4 Portionen

Zubereitung

1. Backofen auf 175 °C (Umluft: 155 °C) vorheizen. Brokkoli waschen, trocken schütteln und in kleine Röschen teilen. In Salzwasser ca. 5 Minuten garen. Abgießen und abtropfen lassen.

2. Semmelbrösel, Milch, Parmesan und Eier in eine Schüssel geben und verrühren. Brokkoli untermischen. Mit Salz und Pfeffer würzen. Tomaten waschen.

3. Fleisch waschen, trocken tupfen und mit Salz und Pfeffer würzen. Öl in einer Pfanne erhitzen. Putensteaks in die Pfanne geben und von beiden Seiten anbraten.

4. Putensteaks in eine flache Auflaufform legen. Bröselmischung und einige Tomaten darauf verteilen. Restliche Kirschtomaten in die Form legen. Im vorgeheizten Backofen ca. 10 Minuten braten.

5. Weißwein in einem kleinen Topf erhitzen. Brühepulver zugeben und darin auflösen. Weinsoße in die Auflaufform gießen und ca. 20 weitere Minuten garen. Soße mit Balsamico abschmecken.

Zutatenliste

Hähnchensteak
mit Grillgemüse

Zutaten

2 Hühnerbrüste (à ca. 300 g)
Salz
frisch gemahlener Pfeffer
1 Stängel Rosmarin
4 EL Öl
1 gelbe Paprika
1/2 Zucchini
1 Tomate
1/2 Knoblauchzehe
2 Stängel Thymian

Zubereitungszeit ca. 45 Min.
Für 2 Portionen

Zubereitung

1. Backofen auf 120 °C (Umluft 100 °C) vorheizen. Hühnerbrüste mit Salz und Pfeffer würzen. Rosmarin waschen und trocken schütteln.

2. 2 Esslöffel Öl in einer Pfanne erhitzen, Hühnerbrüste auf jeder Seite ca. 4 Minuten bei hoher Temperatur scharf anbraten. Nach ca. 3 Minuten Rosmarinstängel zugeben. Hühnerbrüste herausnehmen, in einer Auflaufform für ca. 25 Minuten in den vorgeheizten Backofen stellen.

3. Paprika putzen, waschen und vierteln. Zucchini waschen und in grobe Scheiben schneiden. Tomate waschen, vom Stielansatz befreien und vierteln. Knoblauchzehe schälen und in feine Scheiben schneiden. Thymian waschen, trocken schütteln, Blättchen von den Stängeln zupfen und fein hacken.

4. Restliches Öl in einer Pfanne erhitzen und Paprika, Zucchini, Knoblauch, Tomaten und Thymian zugeben. Gemüse mit Salz und Pfeffer würzen. Pfanne vom Herd nehmen, Gemüse ca. 10 Minuten ziehen lassen.

5. Hühnerbrüste aus dem Ofen nehmen und mit Gemüse anrichten.

Zutatenliste

Prosciutto-Hühnchen-Steak
auf Rauke

Zutaten

1 Knoblauchzehe
4 Hähnchenbrustfilets (à ca. 200 g)
Salz
frisch gemahlener Pfeffer
8 Scheiben roher Schinken
2 EL Öl
200 ml Geflügelfond
2 EL Zitronensaft
4 Handvoll Rauke

Zubereitungszeit ca. 40 Min.
Für 4 Portionen

Zubereitung

1. Backofen auf 180 °C (Umluft: 160 °C) vorheizen.

2. Knoblauch schälen und fein hacken. Hähnchenbrustfilets waschen und trocken tupfen. Mit Salz und Pfeffer würzen, mit Knoblauch einreiben und mit jeweils 2 Schinkenscheiben umwickeln.

3. Öl in einem Bräter erhitzen, Filets bei mittlerer Hitze auf jeder Seite ca. 4 Minuten anbraten. Mit Geflügelfond ablöschen und ca. 20 Minuten im vorgeheizten Backofen garen.

4. Filets herausnehmen und zugedeckt ca. 5 Minuten ruhen lassen. Bratensaft in einen kleinen Topf umfüllen, aufkochen. Mit 2–3 Esslöffeln Wasser verdünnen. Mit Zitronensaft und Pfeffer abschmecken.

5. Rauke waschen, trocken schütteln und auf Tellern verteilen. Filets je nach Belieben in ca. 2–3 Zentimeter dicke Scheiben schneiden, auf der Rauke anrichten und mit Soße servieren.

Zutatenliste

Rehsteak
mit Süßkartoffelbrei

Zutaten

800 g Süßkartoffeln
Salz
250 ml Milch
40 g Butter
frisch gemahlener Pfeffer
frisch geriebener Muskat
8 getrocknete Feigen
4 Stängel Thymian
250 ml Rotwein
100 ml roter Portwein
1 Sternanis
1 TL Honig
1 TL Instant-Kaffeepulver
600 g Rehrückenfilet
1 Knoblauchzehe
Öl
4 Wacholderbeeren
evtl. 1–2 EL Soßenbinder

Zubereitungszeit ca. 50 Min.
Für 4 Portionen

Zutatenliste

Zubereitung

1. Süßkartoffeln waschen und ca. 30 Minuten in Salzwasser gar kochen. Schälen und durch eine Kartoffelpresse drücken. Warme Milch und Butter zu den Süßkartoffeln geben und zu einem cremigen Püree verrühren. Mit Salz, Pfeffer und Muskat abschmecken.

2. Feigen in kleine Würfel schneiden. Thymian waschen und trocken schütteln. Rotwein und Portwein aufkochen. Feigenwürfel, Sternanis und 2 Thymianstängel zugeben, auf die Hälfte einkochen. Thymian und Sternanis herausnehmen. Soße mit Stabmixer pürieren und mit Honig, Kaffeepulver, Salz und Pfeffer abschmecken.

3. Backofen auf 80 °C (Umluft: 60 °C) vorheizen. Rehrücken in ca. 2–3 Zentimeter dicke Scheiben schneiden und mit Salz und Pfeffer würzen. Knoblauch schälen und in Scheiben schneiden. Rehmedaillons mit Knoblauch, Wacholderbeeren und restlichem Thymian auf beiden Seiten anbraten. Fleisch in Alufolie wickeln und im vorgeheizten Backofen ruhen lassen.

4. Bratensatz mit etwas Feigensoße ablöschen und nach Bedarf mit Soßenbinder binden. Medaillons, Kartoffelpüree und etwas Soße auf einem Teller anrichten.

Lammsteak
mit gebratenen Tomaten

Zutaten

30 g getrocknete Tomcten
6 Tomaten
4 Stängel Rosmarin
4 Lammsteaks (à 150 g)
Salz
gemahlener Pfeffer
2 EL Öl
3 kleine Zwiebeln
2 EL Balsamico
Basilikumblätter und Kirschtomaten zum Garnieren

Zubereitungszeit ca. 30 Min.
Für 4 Portionen

Zubereitung

1. Backofen auf 160 °C (Umluft: 140 °C) vorheizen. Getrocknete Tomaten fein hacken. Frische Tomaten kurz mit kochendem Wasser überbrühen, häuten, halbieren, vom Stielansatz befreien, entkernen und in Spalten schneiden. Rosmarin waschen und trocken schütteln.

2. Lammsteaks waschen und trocken tupfen. Mit Salz und Pfeffer würzen. Öl in einer Pfanne erhitzen, Steaks auf jeder Seite ca. 2 Minuten anbraten. Nach der Hälfte der Bratzeit Rosmarinstängel zufügen. Steaks aus der Pfanne nehmen und in Alufolie wickeln. Im vorgeheizten Backofen ca. 7–10 Minuten fertig garen.

3. Zwiebeln schälen und fein hacken. Zwiebeln im Bratfett andünsten. Frische und getrocknete Tomaten zufügen, mit Salz und Pfeffer abschmecken. Hitze reduzieren und bei geschlossenem Deckel ca. 6 Minuten köcheln lassen. Mit Balsamico abschmecken.

4. Steaks mit Tomatengemüse anrichten. Nach Belieben mit Basilikumblättchen und Kirschtomaten garniert servieren. Dazu passen Kartoffeln.

Zutatenliste

Hirschsteak
mit Cranberrysoße

Zutaten

300 g Cranberrys (frisch oder TK-Produkt)
200 ml Apfelsaft
160 g Zucker
1 Zimtstange
1 Orange (unbehandelt)
800 g Hirschkalbsrücken
2 Stängel Rosmarin
1 Knoblauchzehe
1/2 TL Wacholderbeeren
1TL Fenchelsamen
Salz
frisch gemahlener Pfeffer
2 EL Butterschmalz
80 ml Wildfond

Zubereitungszeit ca. 30 Min.
Für 4 Portionen

Zubereitung

1. Frische Cranberrys waschen, tiefgefrorene auftauen lassen. Mit Apfelsaft, Zucker und Zimtstange in einen Topf geben. Orange waschen, Schale fein abreiben und Saft auspressen. Orangenschale und -saft zu den Cranberrys in den Topf geben, bei mittlerer Hitze ca. 15-20 Minuten kochen. Zimtstange herausnehmen.

2. Hirschkalbsrücken in Scheiben schneiden. Rosmarin waschen, trocken schütteln, Nadeln abzupfen und fein hacken. Knoblauchzehe schälen und fein hacken. Wacholderbeeren und Fenchelsamen im Mörser fein mahlen. Rosmarin, Knoblauch, Wacholder und Fenchelsamen mischen. Steaks mit der Kräutermischung einreiben, mit Salz und Pfeffer würzen. Butterschmalz in einer großen Pfanne erhitzen, Steaks in die Pfanne geben und auf jeder Seite ca. 2–3 Minuten braten.

3. Steaks aus der Pfanne nehmen, Bratensatz mit Wildfond ablöschen. Steaks mit Cranberrysoße anrichten. Nach Belieben etwas Wildsoße auf die Teller geben und servieren.

Zutatenliste

Hirschsteak
mit Birnenmus

Zutaten

2 Zwiebeln
1 Stück Ingwer (ca. 20 g)
4 Birnen
4 EL Öl
150 ml Weißwein
1 Sternanis
1 Zimtstange
Salz
frisch gemahlener Pfeffer
2 Knoblauchzehen
1 Stängel Rosmarin
6 Hirschsteaks (à ca. 170 g)
150 ml roter Portwein
150 ml Wildfond

Zubereitungszeit ca. 45 Min.
Für 6 Portionen

Zutatenliste

Zubereitung

1. Backofen auf 130 °C (Umluft: 110 °C) vorheizen.

2. Zwiebeln und Ingwer schälen und fein hacken. Birnen waschen, schälen, Kerngehäuse entfernen und in Würfel schneiden. 2 Esslöffel Öl in einem Topf erhitzen, Zwiebeln und Ingwer zugeben und ca. 1 Minute dünsten. Birnenstücke zugeben sowie Weißwein, Sternanis und Zimtstange zufügen und bei mittlerer Hitze ca. 35 Minuten kochen. Sternanis und Zimtstange herausnehmen und mit Salz und Pfeffer abschmecken.

3. Knoblauch schälen und fein hacken. Rosmarin waschen und trocken schütteln. Hirschsteaks waschen und trocken tupfen. Mit Salz und Pfeffer würzen. Steaks in einem Bräter auf jeder Seite ca. 1 Minute anbraten. Knoblauch und Rosmarin in den Bräter geben, im vorgeheizten Backofen ca. 15–20 Minuten garen. Steaks herausnehmen, in Alufolie wickeln und ca. 5 Minuten ruhen lassen.

4. Portwein und Wildfond in eine Pfanne gießen, bei starker Hitze auf die Hälfte einreduzieren lassen. Steaks mit Birnenmus auf einem Teller anrichten und mit Soße beträufelt servieren. Dazu passen Kartoffeln und Tomaten aus dem Ofen.

Soßen & Beilagen,

die ideale Ergänzung

Scharfe Pfeffersoße

Zutaten

1 Zwiebel, 1 Knoblauchzehe
1 rote Chilischote, 2 EL Olivenöl, 2 EL Tomatenmark
200 ml Rotwein, Kümmel, Salz, frisch gemahlener Pfeffer, 200 ml Gemüsebrühe
2 EL grüne Pfefferkörner

Zubereitungszeit ca. 30 Min.
Für 4 Portionen

Zutatenliste

Zubereitung

1. Zwiebel und Knoblauch schälen und fein hacken. Chilischote waschen, halbieren und fein hacken. Olivenöl in einem Topf erhitzen und Zwiebel, Chili und Knoblauch darin anbraten. Tomatenmark einrühren und ca. 2 Minuten köcheln lassen. Rotwein zufügen und zur Hälfte einreduzieren lassen.

2. Mit Kümmel, Salz und Pfeffer abschmecken. Mit Brühe ablöschen und ca. 3 Minuten bei niedriger Temperatur köcheln lassen. Mit dem Stabmixer fein pürieren und zum Schluss Pfefferkörner zugeben.

Zutaten

1/2 Zwiebel, 3 Knoblauchzehen, 3 EL Worcestersoße
3 EL brauner Zucker
10 EL Tomatenketchup
1 TL Senf
2 TL Paprikapulver (edelsüß)
2 TL Chilipulver, 2 Zitronen
1 TL Salz, Öl

Zubereitungszeit ca. 40 Min.
Für 4 Portionen

Zutatenliste

BBQ-Soße
würzig-süß

Zubereitung

1. Zwiebel schälen und fein hacken. Knoblauch schälen und zerdrücken.

2. Worcestersoße und Zwiebel in einen Topf geben, Zucker zufügen und bei kleiner Hitze köcheln lassen.

3. Knoblauch, Tomatenketchup, Senf, Paprikapulver und Chilipulver zugeben. Zitronen halbieren und auspressen. Zitronensaft ebenfalls in den Topf geben. Ca. 30 Minuten bei ständigem Umrühren köcheln lassen, mit Salz abschmecken. Öl zugeben, wenn die Soße zu sehr eindickt.

Tomaten-Barbecue-Soße

fruchtig-pikant

Zutaten

2 Zwiebeln
4 Knoblauchzehen
4 EL Butter
500 g passierte Tomaten
1 EL Chilipulver
8 EL brauner Zucker
8 EL Essig
8 EL Worcestersoße
2 TL Tabasco
4 EL Sojasoße
2 TL Senf
1/2 TL Salz

Zubereitungszeit
ca. 40 Min.
Für 8 Portionen

Zubereitung

1. Zwiebeln und Knoblauch schälen und fein hacken.

2. Butter in einem Topf zerlassen. Zwiebeln und Knoblauch zugeben und andünsten.

3. Tomaten, Chilipulver, Zucker, Essig, Worcestersoße, Tabasco, Sojasoße und Senf zufügen, gut verrühren und mindestens 30 Minuten bei kleiner Hitze einkochen lassen. Mit Salz abschmecken.

Tipp

Falls man die Soße nicht aufbraucht, füllt man sie am besten in ein fest verschließbares Glas um und stellt sie in den Kühlschrank. Dort hält sie mehrere Wochen lang.

Zutatenliste

Grüne Bohnen

mit Speck

Zutaten

500 g grüne Bohnen
(frisch oder TK-Produkt)
200 g Speck
30 g Butter
Öl
1 TL getrocknetes Bohnenkraut
Salz
frisch gemahlener Pfeffer

Zubereitungszeit
ca. 45 Min.
Für 4 Portionen

Zubereitung

1. Tiefgefrorene Bohnen auftauen lassen, frische Bohnen waschen, putzen und ca. 5 Minuten in Salzwasser kochen. Abgießen und abtropfen lassen.

2. Speck würfeln. Butter und Öl in eine Pfanne geben und erhitzen. Speck zugeben und kross braten.

3. Bohnen, Speck und Bohnenkraut in einen Topf geben und ca. 15 Minuten bei kleiner Hitze anbraten, gelegentlich umrühren. Mit Salz und Pfeffer abschmecken.

Tipp

Die appetitlich grüne Farbe der Bohnen leidet beim Kochen. Damit sie ihre Farbe nicht verlieren, können Sie einen Teelöffel Natron oder Backpulver zum Kochwasser geben. Auch die Zugabe von Bohnenkraut sollten Sie nicht vergessen, dieses macht die Bohnen leichter verdaulich.

Zutatenliste

Potato Wedges
mit Käse-Basilikum-Dip

Zutaten

1 kg festkochende Kartoffeln
10 EL Olivenöl
1 TL Fenchelsamen
1 TL Anissamen
500 g Magerquark
50 ml Milch
60 g Parmesan
1 Bund Basilikum
Salz
frisch gemahlener Pfeffer

Zubereitungszeit
ca. 1 Std.
Für 4 Portionen

Zubereitung

1. Backofen auf 220 °C (Umluft: 200 °C) vorheizen. Kartoffeln waschen, Schale abbürsten und vierteln. Backblech mit Backpapier belegen und mit 2 Esslöffeln Olivenöl einfetten. Kartoffeln auf dem Backblech verteilen, mit 6 Esslöffeln Olivenöl bestreichen. Im vorgeheizten Backofen ca. 20 Minuten backen.

2. Fenchel- und Anissamen im Mörser grob zerstoßen und über die Kartoffeln geben. Kartoffeln wenden und weitere ca. 20 Minuten backen.

3. Quark, Milch und restliches Olivenöl in einer kleinen Schüssel gut verrühren. Parmesan fein reiben. Basilikum waschen, trocken schütteln, Blättchen abzupfen und fein hacken. Parmesan und Basilikum unter den Quark rühren. Mit Salz und Pfeffer abschmecken.

4. Kartoffeln salzen, portionieren und mit Käsedip in kleinen Schüsseln servieren.

Zutatenliste

Maiskolben
mit Kräuterbutter

Zutaten

150 g zimmerwarme Butter
3 Knoblauchzehen
Salz
weißer Pfeffer
1/2 Bund Petersilie
1/2 Bund Basilikum
1 TL Zitronensaft
1 EL Worcestersoße
4 Maiskolben

Zubereitungszeit ca. 40 Min.
Für 4 Portionen

Zubereitung

1. Backofen auf 240 °C (Umluft: 220 °C) vorheizen.

2. Butter in eine Schüssel geben. Knoblauch schälen, pressen, mit Salz und Pfeffer mischen und zur Butter geben. Petersilie waschen, trocken schütteln und Blätter fein hacken. Basilikum waschen, trocken schütteln, Blättchen abzupfen und fein hacken. Petersilie, Basilikum, Zitronensaft und Worcestersoße zur Butter geben und gut vermengen. Kräuterbutter in Butterbrotpapier einwickeln und in den Kühlschrank legen.

3. Maiskolben waschen, trocken tupfen, von allen Seiten mit Kräuterbutter bestreichen und mit Salz und Pfeffer würzen. In Alufolie wickeln und ca. 30 Minuten im vorgeheizten Backofen backen.

Zutatenliste

Ofenkartoffeln

mit Sauerrahm

Zutaten

6 große Kartoffeln
200 g saure Sahne
200 g Frischkäse
1 EL Senf
Salz
frisch gemahlener Pfeffer
1/2 Bund Schnittlauch
evtl. etwas Kresse

Zubereitungszeit ca. 60 Min.
Für 6 Portionen

Zubereitung

1. Backofen auf 200 °C (Umluft: 180 °C) vorheizen. Kartoffeln waschen, Schale abbürsten und in Alufolie wickeln. Ca. 1 Stunde im vorgeheizten Backofen backen.

2. Saure Sahne, Frischkäse und Senf in eine kleine Schüssel geben, glatt rühren und mit Salz und Pfeffer abschmecken. Schnittlauch waschen, trocken schütteln und in feine Röllchen schneiden. Zum Saure-Sahne-Dip geben und unterrühren.

3. Ofenkartoffel auf einem Teller anrichten, mit einem Klecks Saure-Sahne-Dip und, nach Belieben, mit etwas Kresse garnieren. Oder Ofenkartoffeln der Länge nach (in der Alufolie) aufschneiden und mit Dip garnieren.

Zutatenliste

Buntes Ofengemüse
mediterrane Art

Zutaten

1/2 Aubergine
1 kleine Zucchini
1 große Tomate
1 rote Paprika
1 gelbe Paprika
2 Knoblauchzehen
1 TL getrockneter Thymian
1 TL getrockneter Rosmarin
2 EL Olivenöl
Salz
frisch gemahlener Pfeffer
1 TL Instant-Gemüsebrühe
6 schwarze Oliven (ohne Stein)

Zubereitungszeit ca. 45 Min.
Für 3 Portionen

Zubereitung

1. Backofen auf 200 °C (Umluft: 180 °C) vorheizen.

2. Aubergine und Zucchini waschen, putzen und in Scheiben schneiden. Tomate waschen, halbieren, vom Stielansatz befreien und in Scheiben schneiden. Paprika waschen, putzen und in Streifen schneiden. Gemüse in eine große Auflaufform oder in drei kleine Formen schichten.

3. Knoblauch schälen und fein hacken. Mit Thymian, Rosmarin und Olivenöl verrühren und mit Salz und Pfeffer abschmecken. Über das Gemüse geben. Instant-Gemüsebrühe in 250 Milliliter Wasser auflösen und erhitzen. Ebenfalls über das Gemüse geben.

4. Gemüse im vorgeheizten Backofen ca. 30 Minuten braten. Oliven fein hacken, über das Gemüse geben und servieren.

Zutatenliste

Gebratene Tomaten
mit Knoblauch und Feta

Zutaten

600 g Cherrytomaten
3 Knoblauchzehen
200 g Schafskäse
4 Stängel Thymian
3 EL Olivenöl
Salz
frisch gemahlener Pfeffer
evtl. einige Basilikumblätter

Zubereitungszeit
ca. 30 Min.
Für 2 Portionen

Zubereitung

1. Backofen auf 200 °C (Umluft: 180 °C) vorheizen. Tomaten waschen, Knoblauch in der Schale lassen und halbieren. Schafskäse in kleine Würfel schneiden. Thymian waschen und trocken schütteln.

2. 1 1/2 Esslöffel Olivenöl in einer Pfanne erhitzen. Tomaten in die Pfanne geben und ca. 2 Minuten anbraten. Knoblauch und Thymian zugeben und ca. 5 weitere Minuten anbraten. Schafskäse darüberstreuen. Mit Salz und Pfeffer abschmecken.

3. Tomaten, Knoblauch, Thymian und Schafskäse in eine Auflaufform geben und im vorgeheizten Backofen ca. 20 Minuten backen.

4. Auflaufform aus dem Ofen nehmen und restliches Olivenöl über Tomaten, Knoblauch und Schafskäse verteilen. Nach Belieben mit Basilikum garnieren.

Zutatenliste

Register

BBQ-Soße würzig-süß 65
Beefsteak mit Zwiebelsoße 24
Buntes Ofengemüse mediterrane Art 76

Chateaubriand in Rotweinsoße 27

Entrecôte mit Gemüse 28

Gebratene Tomaten mit Knoblauch und Feta 79
Grüne Bohnen mit Speck 68

Hähnchensteak mit Grillgemüse 51
Hirschsteak mit Birnenmus 60
Hirschsteak mit Cranberrysoße 59
Holzfällersteak in Knoblauchsoße 36
Hüftsteaks mit Pfeffersoße 16

Lammsteak mit gebratenen Tomaten 56
Lendensteak mit gerösteten Zwiebeln 23

Maiskolben mit Kräuterbutter 72

Ofenkartoffeln mit Sauerrahm 75

Potato Wedges mit Käse-Basilikum-Dip 71
Prosciutto-Hühnchen-Steak auf Rauke 52
Putensteak mit Brokkoli-Parmesan-Kruste 48

Rehsteak mit Süßkartoffelbrei 55
Rib-Eye-Steak mit Rosmarin 19
Rinderfilet mit Kaperncreme 30
Rumpsteak mit Pommes frites 20

Scharfe Pfeffersoße 64
Schweinefilets mit Garnelen und Aubergine 44
Schweinekoteletts mit Basilikum-Zitronen-Marinade 43
Schweinekoteletts mit Knoblauch-Kräuter-Marinade 39
Schweinesteaks mit Rosmarin und roten Zwiebeln 35
Schweinesteaks mit Thymian und Tomaten 40
Sirloin-Steak mit Ofengemüse 15

T-Bone-Steak / Porterhouse-Steak 12
Tomaten-Barbecue-Soße fruchtig-pikant 67

Impressum

Copyright © 2016 OTUS Verlag AG, Bergstrasse 2, 8712 Stäfa, Schweiz
www.otus.ch
ISBN 978-3-03793-618-4

Komplettproducing: twinbooks, München
Texte: Beate Martin für twinbooks, München
Text- und Abbildungsverzeichnis: Bertolli: 33; Fotolia: 9 HLPhoto; 22 Bernd Jürgens; 29 ExQuisine; 46, 58 shaiith; Knorr: 37; Mondamin: 25; Rama: 34, 38, 41; Shutterstock Images: 2 Jozef Sowa; 5 Lisovskaya Natalia; 6 Catarina Belova; 7 Valentyn Volkov; 8 tiverylucky; 14, 49, 53, 61 hlphoto; 10, 26 Nadiia Diachenko; 17 Wiktory; 18 Igor Dutina; 21 Lukas Gojda; 30, 45 Daniel_P; 42 Brent Hofacker; 50 zakharov aleksey; 54 Juraj Kovac; 57 Martin Turzak; 62, 78 B and E Dudzinscy; 64 Tatyana Malova; 65 Elena Veselova; 66 Jiri Hera; 69 HandmadePictures; 70 Robyn Mackenzie; 73 Lulu Durand; 74 manulito; 77 Ruslan Mitin; Schmuckabbildungen: Shutterstock Images: Ohmega1982; Natalia Sheinkin; LaFifa; Cover: siehe S. 9

Alle Rechte vorbehalten. Kein Teil dieses Werkes darf ohne schriftliche Einwilligung des Verlages in irgendeiner Form (Druck, Fotokopie, Mikrofilm oder in einem anderen Verfahren) reproduziert oder unter Verwendung elektronischer Systeme verarbeitet, vervielfältigt oder verbreitet werden.

Alle Informationen in diesem Buch wurden mit größter Sorgfalt erarbeitet und geprüft. Weder Herausgeber, Autor noch Verlag können jedoch für Schäden haftbar gemacht werden, die in Zusammenhang mit der Verwendung dieses Buches stehen.